Imitación de CRISTO en la enfermedad

EL KEMPIS DEL ENFERMO

Nihil obstat:
Julio López Rozas

Imprimatur
† *José M.ª, Obispo Auxiliar y Vicario general*
Madrid, 27 de octubre de 1958
....

Coach Paula © 2022.
Permiso de publicación concedido
por la Dirección Nacional de Obras Misionales Pontificias
en España, sede Madrid.

Entre 1958 y 1998 El *Kempis del enfermo* tuvo veinte
ediciones con la sociedad de educación Atenas.
En 2003 una edición con Ediciones Sígueme, Salamanca España.

22ª Edición: setiembre 2022, Atlanta Georgia USA

Editora: Paula Umaña
Diseño y portada: Priscila Coto
Fotografías: Johnathon Kelso (reverso de portada, pag x, xiv, 99)

Otras ilustraciones y fotografías: depositphotos.com, shutterstock.com

ISBN: 9798847079013

Todos los derechos reservados. Esta publicación no puede ser
reproducida, ni en todo ni en parte, por ningún medio, sin el permiso
previo y expreso, por escrito de su titular.

📍 1315 Timberland Dr, Marietta Ga 30067 USA
✉ paulaumanaspeaker@gmail.com
🌐 www.paulaspeaker.com

Este libro tiene descuento en compras al por mayor

Juan Manuel Fernández Piera

Imitación de
CRISTO
en la enfermedad

EL KEMPIS DEL ENFERMO

Paula Umaña
EDITORA

*El Kempis del enfermo
es uno de esos libros
que ha de leerse poco a poco,
más con intensidad
que de forma rápida y superficial.
Cada pequeño apartado
invita a la interiorización
de lo que allí se dice o se sugiere.
De hecho, podría ser considerado
como una de esas obras sin principio ni final;
en nada semejante a una novela,
sino más bien como una guía breve
que ayude a iluminar el misterio
de nuestro sufrimiento
y nuestra enfermedad.*

ix   Presentación
xiii Introducción

PRIMERA PARTE
¿TIENE ALGÚN VALOR EL SUFRIMIENTO?

2   LLAMADA A LA CONVERSIÓN
2   Purificación personal
7   Lecciones del sufrimiento
9   Llamadas de Dios

11 CAMINO DE SANTIFICACIÓN
11 Santificación en la enfermedad
16 Amor de Dios
20 Dejarse trabajar

24 LUCHA Y VICTORIA
28 Credo del dolor

30 OBRA DE REDENCIÓN
30 Redimidos en la cruz de Cristo
32 Fortaleza en la debilidad
36 Partícipes en sus sufrimientos
38 Apostolado fecundo

43 PARA LLEGAR A LA META
43 Lo único necesario
45 Nostalgia del cielo
49 ¿Fin o principio?
51 Dulce muerte
53 Por la cruz, a la luz
56 Estar preparados
61 Gozosos en la esperanza

Índice

SEGUNDA PARTE
¿CÓMO PUEDE SOBRELLEVARSE EL SUFRIMIENTO?

66 **Hacia la aceptación**

66 Saber sufrir
69 Dolorosa aceptación
72 Confianza en el Señor
76 Dios consolador
78 Fortaleza en la paciencia
82 Él nos da fuerzas
84 Hágase tu voluntad
87 Llorar
88 Pasar inadvertidos
91 Olvidado
93 Enfermedad y preocupaciones
96 Providencia bondadosa
100 Abandono confiado
103 Paz y alegría

106 **Con la oración**

106 Escuela de oración
108 Pedir la salud
113 Bajo su mirada
116 El pan que da fuerzas
119 Dulzura y esperanza nuestra

122 **Notas**
124 **Llénate de Esperanza**

Presentación

Paula Umaña

Esta extraordinaria obra, "El Kempis del Enfermo", fue escrita por el sacerdote Juan Manuel Fernández Piera, quien tuvo una larga experiencia ayudando a los enfermos. Falleció en 1964 dejando un legado de amor y una guía de luz para los enfermos.

A través de este hermoso libro, muchas personas han sido bendecidas y sus almas impactadas, yo me incluyo entre ellas.

Soy Paula Umaña, fui jugadora de tenis profesional, soy madre de cinco niños, esposa, escritora y conferencista inspiracional.

En el 2015 sufrí un trastorno neurológico que me dejó parapléjica postrada en una cama. Estando yo en esa condición de enfermedad y sufrimiento, me visitó un sacerdote llamado Wilberto Reyes que llegó a hablarme sobre cómo manejar el sufrimiento y me recomendó que leyera este libro: "El Kempis del Enfermo".

Este preciado manuscrito se convirtió en mi tesoro para poder llevar mi sufrimiento, recibir el abrazo de Dios, escuchar su voz y su consuelo. Me enseñó que el estar enferma no significaba una calamidad y que Él está conmigo siempre.

En mi corazón hay un gran deseo de ofrecer recursos de alivio espiritual a quienes sufren y es por eso que por gracia de nuestro Señor, las Obras Misionales Pontificias en España me concedieron el permiso para publicar la edición número veintidós de este maravilloso libro.

Esta edición tiene como propósito que quienes sufren, puedan tener acceso a una versión especial cuyo formato, tipografía e ilustraciones facilitan la lectura.

Por otro lado, me referiré un poco a la historia de las ediciones que ha tenido esta gran obra. En 1988 la Sociedad de Educación Atenas, alcanzó su vigésima edición. Ediciones Sígueme en el 2003, ofreció a sus lectores una versión actualizada de la misma.

En esta nueva edición se mantiene su finalidad original: ofrecer una ayuda al enfermo para que pueda hallar un poco de luz y sobrellevar dignamente su enfermedad.

Una importante recomendación: "El Kempis del Enfermo" es uno de esos libros que han de leerse poco a poco, no de manera rápida y superficial. Cada pequeño apartado invita a la interiorización de lo que allí se dice o se sugiere.

De esta forma se convierte en una guía breve, que ayuda a iluminar el misterio de nuestro sufrimiento y nuestra enfermedad.

Y ¿qué significa "El Kempis"? pues es el diminutivo que utilizan muchos sacerdotes del libro "La Imitación de Cristo". Es así como el autor lo puede considerar como la "imitación de Cristo para el enfermo".

Introducción

«Bienaventurados los que lloran», dice Jesucristo (Mateo 5: 5). Bienaventurado el que sufre. El Señor tiene un arte especial para sacar bienes espirituales de los males materiales; de la enfermedad hace brotar salud; de la muerte, vida.

Cuando el sufrimiento y la enfermedad cercan al hombre, no sólo la desesperanza y el sinsentido le paralizan, sino que son también la ocasión para ponerse en camino hacia el descubrimiento de razones más profundas que ayuden a llenar de sentido su existencia. Así lo han experimentado algunas personas que han vivido el sufrimiento de una manera distinta.

«Dios no permitirá que venga otra cosa
sino aquello que fuere para mayor bien nuestro,
aunque nosotros no lo entendamos»

(Maestro Juan de Ávila)

«Aunque diere penas y castigos,
se lo debemos agradecer;
que siempre es para nuestra salud
todo lo que permite que nos venga»

(Tomás de Kempis).

«Señor, no me quitéis esta cruz
hasta tanto que haya producido en mí el efecto
que aguarde vuestra bondad»

(Francisco Javier).

«No podría pedir a Dios que os libre de la cruz,
porque esto sería querer privaros del mayor bien
que podemos tener en esta vida»

(Margarita María de Alacoque).

«Nadie me parece tan infeliz
como el que no tiene ninguna desgracia»

(Séneca).

En este sentido, y sólo en este, el sufrimiento es una bienaventuranza, un manantial inagotable de bienes. A lo largo de las páginas siguientes trataremos de aproximarnos juntos, con humildad, a este profundo misterio que es el sufrimiento y la enfermedad. En la primera parte nos acercaremos al valor que encierra el sufrimiento desde la fe cristiana. Y en la segunda trataremos sobre el modo de sobrellevarlo.

Ojalá que en estas páginas halle el lector elementos que le ayuden a ordenar el rompecabezas de su dolor y le permitan a acercarse más al Señor.

Solamente guiado por este buen deseo, y apoyado en la experiencia de mi propia enfermedad, es como me he atrevido a dirigirme a ti, querido enfermo.

De los muchos pensamientos que puedes encontrar en esta obra, selecciona, saborea y asimila aquellos que más se adapten a tus necesidades o a tus íntimas aspiraciones. Reléelos despacio, sin prisa; caigan sobre tu corazón como lluvia suave y lenta que penetra y empapa la tierra.

Intencionadamente, como podrás ver, toda la obra está sembrada de frases de la Sagrada Escritura y de los santos, pues su autoridad y eficacia es mucho mayor que lo que yo te puedo ofrecer. Feliz lectura.

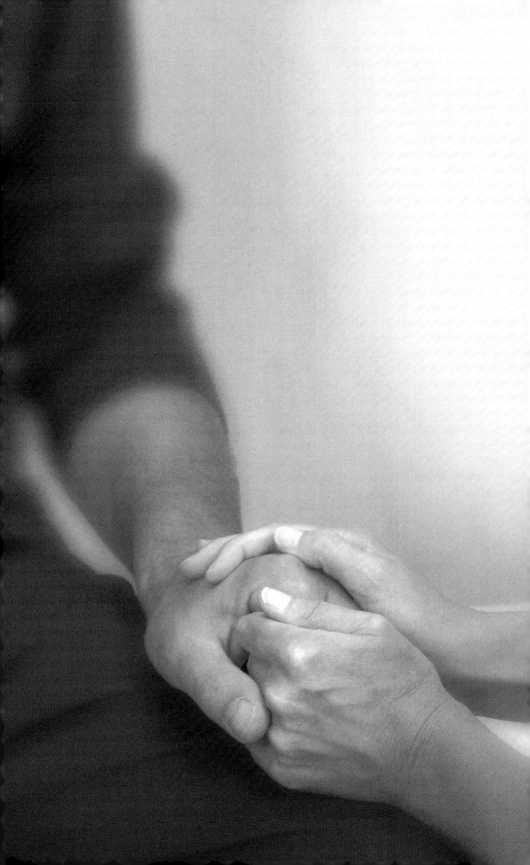

PRIMERA PARTE

¿Tiene algún valor el sufrimiento?

LLAMADA
A LA CONVERSIÓN

Purificación personal

No resulta extraño protestar lleno de rabia y de indignación: «¿Qué he hecho yo para merecer esta enfermedad? ¡Otros son peores que yo y nunca les pasa nada malo!».

Tanto en la Sagrada Escritura como en la vida de los santos vemos que en muchas ocasiones se llega a asimilar el sufrimiento entendiéndolo como prueba que ejerce una labor de purificación.

Así como en el crisol el oro queda limpio de toda escoria, en la tribulación el ser humano puede purificarse de aquello que tiene de superficial y de imperfecto. De hecho, sólo se acrisola aquello a lo que se quiere dar más valor y hermosura.

En el horno ardiente de la tribulación no sólo el oro queda limpio y brillante: también el barro se hace duro y fuerte.

A menudo, en nuestra virtud se mezcla el egoísmo como la escoria con el oro. Aun en los consuelos de la oración, nos buscamos a nosotros mismos. Sin embargo, en el sufrimiento nunca hay engaño: es el mayor enemigo del amor propio.

Suele el Señor hacer por sí mismo el trabajo de acrisolar y purificar, pues la mayoría no saben o no tienen valor para hacerlo. Como el fuego de amor que tenemos suele ser débil e incapaz de purificarnos, el dolor puede ser la ocasión para conseguirlo.

Acaso tenías apego desordenado a cosas o personas. Ahora es el momento de romper las cadenas que parecían irrompibles. Dios te concede esa gracia especial, esa oportunidad para cambiar y comenzar a ser lo que siempre has añorado. Este momento es tan bueno como cualquier otro para decidirte.

El sufrimiento corporal es medicina espiritual. Dios mío, que esta tribulación me ayude a volver a ti. Aunque yo rechace esta medicina desagradable, no permitas que me desanime y me deje paralizar por este misterio que no llego a entender; no me abandones en medio de esta derrota.

«Antes de estar afligido, andaba descarriado...
Señor, yo sé que tus mandamientos son justos,
que tienes razón cuando permites mi sufrimiento»
(SALMO 118: 67-75).

«Acepta lo que te venga,
y sé paciente en dolores y humillaciones.
Porque en el fuego se prueba el oro,
y los que agradan a Dios
en el horno de la humillación»

(Eclesiástico 2: 4-5).

«Tú nos hieres,
Señor, para sanarnos»

(Agustín de Hipona).

«Nunca puede faltarnos el fuego de la tribulación,
porque nunca estamos libres de pecado»

(Juan Crisóstomo).

«Por una leve corrección recibirán grandes bienes.
Porque Dios los puso a prueba
y los halló dignos de él.
Los probó como oro en el crisol,
y los aceptó como un holocausto»

(Sabiduría 3: 5-6).

«Las enfermedades del cuerpo
las da Dios para la salud del alma»

(Francisco de Asís).

«El Señor te envía el dolor para que despiertes
de tu letargo y te libres de la muerte eterna»

(Alfonso María de Ligorio).

> «LA SALUD ES PERNICIOSA
> CUANDO LLEVA
> AL HOMBRE AL PECADO;
> LA ENFERMEDAD
> ES SALUDABLE
> CUANDO QUEBRANTA
> LA DUREZA
> DEL ALMA»
>
> (Isidoro de Sevilla).

«Dios suele probar a sus siervos
con adversidades»

(Vicente de Paúl).

«¡Ay del pecador a quien Dios visita
por medio de castigos y contradicciones,
y que, en vez de ablandarse y arrepentirse,
se endurece cada vez más,
como el yunque bajo el martillo!»

(Alfonso María de Ligorio).

«En las tentaciones y adversidades se ve cuánto
uno ha aprovechado, y en ellas consiste el mayor
merecimiento y se conoce mejor la virtud»

(Tomás de Kempis).

«No puedes estar
en el número
de los verdaderos amigos
del corazón de Jesús
mientras no seas
purificado y probado
en el crisol
del sufrimiento»

(Margarita María de Alacoque).

«Ninguno debe considerarse a sí mismo
siervo de Dios hasta haber sido probado
por la angustia y la tribulación»

(Francisco de Asís).

Lecciones del sufrimiento

A menudo toda enfermedad es ocasión que tenemos los seres humanos para aprender algo de nosotros mismos y de la vida.

De la misma forma que la hiel curó a Tobías de su ceguera, hace el dolor con nosotros: amarga las dulzuras de la vida y nos enseña cuáles son las verdaderas dulzuras y cuál la verdadera vida.

«Quien no ha sido probado
no sabe casi nada»

(ECLESIÁSTICO 34: 10).

«Me vino bien el sufrir,
pues así aprendí tus normas»

(SALMO 118: 71).

«El Señor pone a prueba
a los que se acercan a él
para ponerlos sobre aviso»

(Judith 8: 27).

«La dicha engaña,
la desdicha es siempre verdadera»

(Boecio).

«La enfermedad
es una preciosa gracia que Dios
nos da para hacernos sentir
la flaqueza de nuestra alma
por la de nuestro cuerpo»

(Fenelon).

«Hay cosas
que no las ven
sino los ojos
que han
llorado mucho»

(Veuillot).

Llamadas de Dios

¡Cuántos oídos que estaban cerrados a otros llamamientos se abren a la voz penetrante y dura del sufrimiento! Innumerables son las conversiones que se realizan en el lecho del dolor. El soplo de la tribulación suele avivar el ascua medio apagada de una fe que parecía extinguida.

Muchos que al amanecer de su vida dejaron a Dios por el placer, vuelven a encontrarlo por la cruz. El sufrimiento nos hace volver al Señor. Al hijo pródigo, la necesidad le hizo acordarse de su padre y emprender el regreso a su casa.

Tal vez la vida cómoda y fácil te había adormecido en la tibieza y te impedía entregarte generosamente al Señor. Y ahora Cristo te llama a la perfección, te invita a su intimidad.

En el dolor, Dios nos visita. Señor, ¿qué quieres de mí? Que no cierre ahora mis oídos a tus llamadas.

«Temo a Jesús cuando pasa,
pues quizá no volverá más»

(Agustín de Hipona).

«Los males
que nos
atormentan
en este mundo
nos fuerzan
a ir a Dios»

(Gregorio Magno).

«El hombre, que con la prosperidad
está olvidado de Dios,
tome sobre sí la pena de la tribulación»

(Maestro Juan de Ávila).

CAMINO DE SANTIFICACIÓN

Santificación en la enfermedad

La santidad no consiste en hacer grandes cosas, sino en hacer aquello que Dios quiere; no lo que más te gusta, sino lo que Dios te señala; no tus proyectos y planes, sino los suyos; no tu voluntad, sino la suya.

Para santificarte no necesitas hacer cosas extraordinarias, sino hacer bien las ordinarias. No es más santo el que hace mayores obras, sino el que hace mejor las que Dios quiere que haga; no el que más, sino el que mejor.

En el estado y circunstancias en que cada uno se encuentra, y no en otro, es donde nos hemos de santificar. Ahora la enfermedad es tu campo: en él has de florecer y dar fruto.

Dios espera que salgamos de la enfermedad más santos que entramos en ella, puesto que es una gracia que ayuda a la santificación.

No se trata de sufrir por sufrir. Sin embargo, también en medio de la noche del sufrimiento es posible llevar a cumplimiento la voluntad de nuestro Dios.

Las enfermedades no son cadenas para sujetarte, si no alas para elevarte. La enfermedad es tiempo de santificación intensiva. En la enfermedad harás progresos que no hubieras hecho sin ella. Es la hora de los grandes adelantos espirituales.

Los antiguos acuñaron esta máxima: «Alma sana en cuerpo sano». Sin embargo, la gracia de Dios puede hacer que en un cuerpo enfermo resida un alma sana; más aún, santa.

No permitas, Señor, que pase para mi desapercibida esta oportunidad extraordinaria de santificarme.

> «Señor, enséñame a cumplir tu voluntad»
> (Salmo 142: 10).

> «No todo el que me dice: ¡Señor, Señor!
> entrará en el reino de los cielos,
> sino el que hace la voluntad
> de mi Padre que está en los cielos»
> (Mateo 7: 21).

> «Aunque nuestra condición física
> se vaya deteriorando,
> nuestro ser interior se renueva de día en día»
> (2 Corintios 4: 16).

«Más agradas a Dios sometiéndote
a su voluntad en la enfermedad que haciendo
muchas y grandes obras teniendo salud»

(Juan Crisóstomo).

«No hay mejor medio de agradar a Dios que abrazar con alegría su santa voluntad»

(Alfonso María de Ligorio).

«Si buscáis, como creo que buscáis,
la voluntad de Dios puramente,
¿qué más se os da estar enfermo que sano,
pues su voluntad es todo nuestro bien?»

(Maestro Juan de Ávila).

«El caballo más rápido para llegar
a la santidad es el dolor»

(Maestro Eckhart).

«La santidad sólo se adquiere entre espinas y
contrariedades»

(Alfonso María de Ligorio).

«Cuando Dios envía
a un alma,
sin culpa suya,
grandes sufrimientos,
señal clara es
de que pretende
elevarla
a gran santidad»

(Ignacio de Loyola).

«La prosperidad es la madrastra
de las virtudes y la adversidad es su madre»
(Francisco de Sales).

«Hijo, más me agrada la humildad
y paciencia en la adversidad
que el mucho consuelo y devoción en la
prosperidad»
(Tomás de Kempis).

«Esta es la ciencia de los santos: sufrir por Jesús;
con ella, en breve espacio de tiempo seremos
santos» (Francisco de Sales).

«Las enfermedades, lejos de ser un obstáculo
que cierra el camino, son por el contrario
un sendero que lleva a la santidad»
(Vital Leodey).

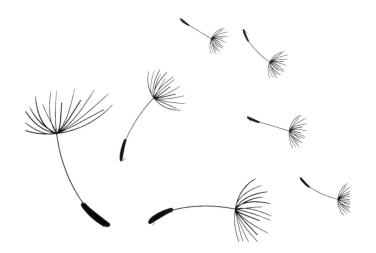

Amor de Dios

Las gracias extraordinarias, los designios trascendentales suelen ir precedidos y acompañados de grandes sufrimientos.

No defraudes los planes que, sin ninguna duda, tiene Dios sobre ti. Trata de ver en la enfermedad el amor que Dios nos tiene.

Estando enfermo no podrás hacer muchas cosas; pero ¿no puedes amar? Pues eso es lo más grande y más santo: el pleno cumplimiento de la ley. Junto con la oración, el medio principal para conseguir el amor es el sufrimiento bien llevado.

Concédeme, Señor, ante todo, tu amor, aunque para conseguirlo tenga que transitar por el sendero de este sufrimiento que no comprendo.

«A vosotros se os ha concedido la gracia, no sólo de creer en Cristo, sino también de padecer por Él»

(Filipenses 1: 29).

«La cruz es el regalo que Dios hace a sus amigos»

(Juan María Vianney).

«No hay prueba más clara y segura
del amor de Dios que las adversidades»

(Felipe Neri).

«Don es padecer por Cristo
y no lo da sino a quien Él mucho ama»

(Alfonso Rodríguez).

«Mucho te ama Jesús
cuando te envía tales pruebas»

(Teresa del Niño Jesús).

«Sufrir es una gran cruz,
pero también una gracia grande»

(Teresa Neumann).

«Me pides un medio
para llegar
a la perfección.
No conozco más que uno:
el amor»

(Teresa del Niño Jesús).

«No hay mejor madera para encender y conservar el amor de Dios que la de la cruz»

(Ignacio de Loyola).

«Amar la voluntad de Dios
en las aflicciones y amar esas aflicciones por Dios,
es el punto más sublime del sagrado amor»

(Francisco de Sales).

«El amor de Dios nace
en medio de los consuelos espirituales,
pero no llega a ser adulto
sin pasar por la senda de las penalidades»

(Pinamonti).

«Cuanto más se ama,
tanto se aprende a sufrir mejor,
y sufriendo más se aprende a amar mejor.
Así, el amor y el dolor son el flujo
y reflujo del mundo.
El amor es la nostalgia del cielo,
y el dolor, la liberación de la tierra.
Por eso, en todo dolor hay un poco de cielo
y en todo amor se encuentra algo de la tierra»

(Nino Salvaneschi).

Dejarse trabajar

¡Qué encanto y atractivo tienen las personas que saben sufrir! Es como el hermoso brillo de los metales bruñidos o de las piedras pulimentadas. Pero ¡cuánto rozamiento y trabajo ha costado! A mayor aspereza, mayor brillo y limpieza. Aun el diamante, hasta que no ha sido pulido, no muestra el hermoso brillo que poseía. En este sentido, el mismo Cristo fue perfeccionado por las tribulaciones, «pues era conveniente que Dios, que quiere conducir a la gloria a muchos hijos, elevara por los sufrimientos al más alto grado de perfección al cabeza de fila que los iba a llevar a la salvación» (Heb 2, 10).

El temple a los caracteres y a las almas lo da el dolor. Al carácter débil, el sufrimiento bien llevado lo hace firme; al carácter fuerte lo hace tierno. Y cuántas veces una vida gris y anodina queda revalorizada y transformada por el dolor.

La azada penetrante del dolor puede desenterrar los ocultos tesoros que encierra tu alma y los manantiales vivos que en su interior se ocultan.

El informe bloque de mármol se transforma en bella escultura a fuerza de muchos golpes de cincel. ¿Estaría bien que se quejara por los golpes que recibe y los trozos que le arrancan? El sufrimiento es el mejor cincel de que se vale el Señor para hacer verdaderas obras de arte. Permite al Artista Divino que haga su obra en tí. Él conoce bien la clase de cincel y los golpes que necesitas.

La Iglesia nos recuerda en su liturgia que la Jerusalén celestial está construida con piedras labradas en esta vida a fuerza de muchos golpes de martillo y cincel.

Dios conoce perfectamente el lugar que cada cual ha de ocupar; Él sabe la forma y tamaño que ha de tener. Déjemosle, pues, que labre a su gusto.

Y no te importe tu vida pasada y las veces que estropeaste la obra de Dios. ¡Hasta con escombros hace El Señor obras de arte!

No os preocupéis más que de amarle y servirle; y dejadle hacer. Ese dejar hacer a Dios es todo un programa de santificación. No le impidas realizar su obra; no le pongas dificultades; no te preocupes por trabajar, sino por dejarte trabajar. En cada momento te enviará lo que entonces necesitas. Acéptalo.

«¡Señor, tu amor es eterno,
no abandones la obra de tus manos!»

(Salmo 137: 8).

«El mismo Cristo, que en los días
de su vida mortal presentó oraciones
y súplicas con grandes gritos y lágrimas
a Aquel que podía salvarlo de la muerte,
fue escuchado en atención a su actitud reverente;
y aunque era Hijo, aprendió sufriendo
lo que cuesta obedecer»

(Hebreos 5: 7-8).

«Hijo, déjame hacer contigo lo que quiero.
Yo sé lo que te conviene»

(Tomás de Kempis).

«Las aflicciones nos desprenden
de las cosas del mundo,
nos hacen deseable la muerte
y nos curan la afición excesiva
que tenemos a nuestro cuerpo»

(Juan Crisóstomo).

«LO BUENO, EN LA TRIBULACIÓN SE HACE MEJOR»

(Maestro Juan de Ávila).

«El alma probada en la tribulación
se parece a los ríos que corren
entre riscos y peñascos,
que tienen aguas más dulces y cristalinas»

(VICENTE DE PAÚL).

«Tú sabes lo que conviene
para mi adelantamiento
y cuánto me aprovecha la tribulación
para limpiar la herrumbre de los vicios.
Haz conmigo tu voluntad y tu gusto»

(TOMÁS DE KEMPIS).

«Nada ensancha tanto nuestro corazón
y le da tanta capacidad para recibir a Dios
como el sufrimiento»

(VICTORINO OSENDE).

LUCHA Y VICTORIA

Anímate pensando en el premio futuro, como el labrador que trabaja gustoso pensando en la cosecha, o el obrero en su jornal.

Todos admiten con gusto trabajos extraordinarios cuando son bien recompensados. Donde más méritos puede hacer el soldado es en el combate.

Algún día tendrás en tu frente la corona del vencedor; hoy tienes en tus manos las armas del luchador. Para merecer la corona es necesario luchar. ¿Vas a querer tú ser una excepción de esta ley universal? Sigue las huellas de Cristo y de los santos, para participar de su triunfo.

> «MILICIA ES LA VIDA DEL HOMBRE SOBRE LA TIERRA»
>
> (Job 7: 1).

«Dichoso el hombre que aguanta
en la prueba, porque, una vez acrisolado,
recibirá la corona de la vida que el Señor
prometió a aquellos que lo aman»

(Santiago 1: 12).

«¿No sabéis que, en las carreras del estadio,
todos corren, pero solamente uno alcanza
el premio? Corred de tal manera que lo alcancéis.
Los atletas se abstienen de todo
con el fin de obtener una corona corruptible,
mientras que nosotros aspiramos
a una incorruptible»

(1 Corintios 9: 24-25).

«En todas partes, los grandes dolores preceden a las grandes alegrías»

(Agustín de Hipona).

«Estate, por tanto, preparado
para la batalla, si quieres tener victoria.
Sin pelear no puedes alcanzar
la corona de la paciencia.
Si no quieres padecer, rehúsas ser coronado.

Sin trabajo no se llega al descanso,
ni sin pelear se consigue la victoria»

(Tomás de Kempis).

«Si para algo es buena la vida tan breve,
es para con ella ganar la eterna»

(Teresa de Jesús).

«Aprovechemos la ocasión, vivamos
todos los instantes de nuestra vida.
Un instante es un tesoro: un solo acto de amor
nos acercará a Jesús por toda la eternidad»

(Teresa de Jesús).

«Todos los santos juntos,
rogando por una persona,
no le alcanzarán tanto merecimiento
como el que se gana en una tribulación
bien llevada por amor de Dios»

(Alfonso Rodríguez).

«De mayor mérito ante Dios
es padecer cosas adversas
que afanarse en buenas obras»

(Buenaventura de Bagnoregio).

«Cuando no te encuentras bien
y tienes alguna tribulación,
entonces es tiempo de merecer»

(Tomás de Kempis).

Credo del dolor

En la primera Gran Guerra (1914-1918), un capitán italiano llamado Sylvain fue gravemente herido y, como consecuencia de ello, quedó destrozado su cuerpo, mutilado y privado para siempre de sus miembros. Pero entonces supo comprender el misterio del dolor y las riquezas que encierra. Todo ello lo expresó acertadamente en su famoso credo.

«Creo que el dolor es el beneficio más grande
que Dios puede otorgar a un alma.

Creo que el dolor desapega y desilusiona,
purifica, mejora y conduce al alma
a la más alta perfección.
Dios está siempre más cerca
de los que sufren por Él.

Creo que el dolor es el lazo
que une más estrechamente al alma
con Jesucristo y que la hace más semejante a Él.

Creo que desde la eternidad Dios
contó el número de los dolores,
conoció su intensidad, pesó su gravedad,
preparó la gracia suficiente para resistirlos
meritoriamente y ordenó y fijó su galardón.

Creo que el dolor, soportado resignadamente,
es la más excelente de todas
las obras meritorias de vida eterna.

Creo que el dolor marca al alma la vía más fácil,
más breve y más segura para llegar a Dios.

Creo que el dolor será eternamente
bienaventurado en la patria celestial.

Creo que el dolor es la santificación más eficaz
del pecado y el único don que el alma, en cierta
manera, puede ofrecer a Dios».

OBRA
DE REDENCIÓN

Redimidos en la cruz de Cristo

Dios creó un plan de gracia y felicidad. El pecado abrió un abismo entre Dios y el hombre. Jesús tendió como puente la cruz y el sufrimiento se hizo medio de redención; por su pasión y muerte nos dio la vida. De este modo, en Jesús el dolor quedó sublimado, ennoblecido, divinizado.

La cruz, que era un patíbulo, se transformó en un altar. La señal ignominiosa se hizo gloriosa; signo de honor y grandeza. Desde entonces, los inútiles son imprescindibles; los débiles, poderosos. Dios Padre ve en todo el que sufre la imagen de su Hijo Jesucristo.

> «No había en Él belleza ni esplendor,
> su aspecto no era atractivo.
>
> Despreciado, rechazado de los hombres,
> abrumado de dolores y familiarizado

con el sufrimiento;
como alguien a quien no se quiere mirar,
lo despreciamos y lo estimamos en nada.

Sin embargo, llevaba nuestros dolores, soportaba nuestros sufrimientos. Aunque nosotros lo creíamos castigado, herido por Dios y humillado, eran nuestras rebeliones las que lo traspasaban, y nuestras culpas las que lo trituraban. Sufrió el castigo para nuestro bien y con sus llagas nos curó.

Andábamos todos errantes como ovejas,
cada cual por su camino,
y el Señor cargó sobre Él
todas nuestras culpas»

(Isaías 53: 2-6).

«Cristo sufrió por vosotros, dejándoos un ejemplo para que sigáis sus huellas.

Él no conoció pecado, ni se halló engaño
en su boca; injuriado, no devolvía las injurias;
sufría sin amenazar, confiando en Dios,
que juzga con justicia.

Él cargó con nuestros pecados, llevándolos en su cuerpo hasta el madero, para que, muertos al pecado, vivamos por la salvación. Habéis sanado a costa de sus heridas, pues erais como ovejas descarriadas, pero ahora habéis vuelto al que es vuestro pastor y guardián»

(1 Pedro 2: 21-25).

Fortaleza en la debilidad

El sufrimiento puede ser una poderosa palanca en tus manos, con tal de que pongas el punto de apoyo en el corazón de Cristo.

Las obras de Dios las hace Él mismo. Y Dios escoge lo débil y lo que no vale nada para hacer obras grandes.

Es la divina paradoja del sufrimiento: precisamente cuando me faltan las fuerzas, entonces es cuando soy más poderoso. La debilidad es tu fuerza. Lo que creías inútil estorbo es poderoso motor.

El fruto no lo hace quien lo recoge. La savia oculta es la que da vida al árbol y lo hace fructificar. Cuando una tierra es rasgada por el arado, cuando sufre los aguaceros y nieves del invierno y los calores asfixiantes del verano, entonces se desarrolla y multiplica la semilla que estaba en ella.

No hay fecundidad sin dolor. La vida se da a luz entre dolores de parto.

Cuando es tan poco lo que uno puede hacer, lo mejor es ponerse a disposición de Aquel que todo lo puede. Él no dejará de hacer grandes cosas por tu medio. María, la madre de Jesús de Nazaret, entendió como nadie esto:

> «Mi alma glorifica al Señor
> y mi espíritu se regocija en Dios, mi salvador,
> porque ha mirado la humildad de su sierva.
> Desde ahora me felicitarán todas las
> generaciones, porque ha hecho en mí cosas
> grandes el Poderoso»
>
> (Lucas 1: 47-49).

«Este tesoro lo llevamos en vasijas de barro, para que todos vean que una fuerza tan extraordinaria procede de Dios y no de nosotros»

(2 Corintios 4: 7).

«Me complazco en soportar por Cristo flaquezas...
porque cuando me siento débil,
entonces es cuando soy fuerte»

(2 Corintios 12: 10).

«Dios es el gran Obrero: con pobres instrumentos sabe hacer obras excelentes»

(Francisco de Sales).

«Nada grande se hace
sin sufrimientos y sin humillación,
y todo es posible con estos medios»

(John H. Newman).

«Más gloria se da a Dios en una hora
de sufrimiento con filial sumisión,
que en muchos días de trabajo con menor amor»

(Francisco de Sales).

«Lo mismo que en la naturaleza,
en lo sobrenatural las fuerzas más poderosas
son ocultas y solemnemente silenciosas»

(Raymond).

Partícipes en sus sufrimientos

«Ahora me alegro por los padecimientos que soporto por vosotros, y completo lo que falta a las tribulaciones de Cristo en mi carne en favor de su cuerpo, que es la Iglesia»

(Colosenses 1: 24).

¿Es tal vez insuficiente la pasión de Cristo? ¿Quedó incompleta su obra? Agustín, el santo obispo de Hipona, lo explica de forma genial cuando comenta que el Cristo total no es Él solo, sino su cuerpo místico, que consta de Cristo como cabeza y nosotros como miembros. La obra de la redención quedó completa en la cabeza del cuerpo místico; pero en los miembros continúa realizándose y hasta el fin de los tiempos no quedará completada.

El valor infinito de la redención depende totalmente de Jesús; mas su aplicación a los hombres depende en gran parte de nosotros. El dolor de Cristo hizo la redención, el nuestro hace su aplicación. En la cruz de Cristo se conquistó la redención; en nuestras cruces se nos hace efectiva.

Se trata de la gran Eucaristía que comenzó en el Calvario y no terminará hasta la consumación de los siglos. En ella constantemente se están incorporando pequeñas ofrendas a la grande y principal, que es Cristo. Un puesto de honor en esta gran obra de la redención lo tienen los enfermos. Jesús sufre en cada uno de ellos y va realizando su redención y la de todos aquellos que la necesitan.

«Ser para Cristo una humanidad suplementaria en la que pueda Él renovar todo su misterio»
(Isabel de la Trinidad).

«La vida toda del cristiano ha de ser una especie de sacrificio que en Cristo y con Cristo se ofrece en honor de Dios Padre para la salvación de los hombres».
«El cristiano no es tan sólo un redimido, sino también un redentor»
(Pío XII).

«El dolor es una cruz en la que se redime cada hombre, pues el cristiano es otro Cristo»
(Victorino Osende).

Apostolado fecundo

Apenas se concibe fruto apostólico sin tribulación. Por eso Jesús a sus apóstoles les anunciaba tantas veces lo que habían de padecer. Cuando escoge a Pablo de Tarso para apóstol, afirma: «Yo le mostraré cuánto habrá de padecer por mi nombre» (Hechos 9: 16). Quizá a estos padecimientos se debió su fecundo apostolado. Casi siempre, los grandes apostolados son completados por la cruz y el martirio del propio apóstol. Es el abono y riego para que se desarrolle la semilla. Es el broche de oro de una vida entregada a Dios.

¡Cuántas veces los brillantes triunfos de los apóstoles son debidos a la oración y sacrificio de personas desconocidas! Mientras unos combaten como Josué, otros oran como Moisés. La enfermedad no significa incapacidad para el apostolado; es sólo un cambio de método: apostolado oculto, pero más eficaz. El cristianismo ha revelado la gran utilidad de los inútiles.

¡La enfermedad, por consiguiente, no es inútil ni es un estorbo, ni para ti ni para los demás! Si te preguntasen: ¿Qué haces por la sociedad?, puedes responder como lo hizo Santa Bernardette Subirous, con sencillez pero con firmeza: «Hago de enferma. Sí, mi empleo es estar enferma».

La enfermedad, como todas las gracias extraordinarias que Dios reparte en su Iglesia, no es sólo para bien del que la ha recibido, sino «para común utilidad» de todo el cuerpo místico (1 Corintios 12: 7).

Así, pues, sin moverte, sin trabajar, serás «un apóstol inmóvil».

La tribulación es como un mar profundo y amargo. Pero si brilla sobre él el sol ardiente de la caridad, se elevará al Cielo, como vapor de agua, el ofrecimiento de esas amarguras, que luego descenderán como lluvia benéfica sobre los hombres.

Los mártires dieron testimonio de su fe ante los paganos; tú puedes darlo ante los incrédulos, sufriendo cristianamente. Bien predica quien bien sufre. Esta predicación suele impresionar aun a los más reacios.

Como las flores sacudidas por el viento, el cristiano, sacudido por la tribulación, esparce su aroma por doquier, gratuita y anónimamente, sin acepción de personas, sin restricciones.

Dios se vale de los «inútiles» para llevar a cabo grandes cosas. La oración de los humildes, el sacrificio de los enfermos, da fuerza y eficacia a la vanguardia misionera. Por esta razón, la patrona de las obras misionales, junto con el gran apóstol Francisco Javier, es Teresa del Niño Jesús, una monja de clausura perteneciente a la Orden del Carmelo que muere tuberculosa con apenas veinticuatro años. El enfermo que cree ser prisionero del dolor puede, sin embargo, tener el mundo entero como apostolado.

> «En esto hemos conocido el amor: en que [Cristo] ha dado su vida por nosotros. También nosotros debemos dar la vida por nuestros hermanos»
>
> (1 Juan 3: 16).

> «Mi mandamiento es este: Amaos los unos a los otros como yo os he amado. Nadie tiene amor más grande que quien da la vida por sus amigos»
>
> (Juan 15: 12-13).

> «Yo os aseguro que el grano de trigo seguirá siendo un único grano, a no ser que caiga dentro de la tierra y muera; sólo entonces producirá fruto abundante»
>
> (Juan 12: 24).

> «Os pido, pues, hermanos, por la misericordia de Dios, que os ofrezcáis como sacrificio vivo, santo y agradable a Dios»
>
> (Romanos 12: 1).

«Todo lo soporto por amor a los elegidos,
para que ellos también alcancen la salvación
de Jesucristo y la gloria eterna»

(2 Timoteo 2: 10).

«Los miembros del cuerpo que consideramos más débiles son los más necesarios»

(1 Corintios 12: 22).

«Lo único que merece llamarse amor
es la entera inmolación de uno mismo»

(Teresa del Niño Jesús).

«Recuerden todos que su dolor no es inútil,
sino que, para ellos y para la Iglesia,
ha de ser de gran provecho»

(Pío XII).

«Con el dolor se salvan muchas almas.
Se salvan más almas con el dolor
que con los más brillantes sermones»

(Teresa del Niño Jesús).

«No te lamentes de no poder mucho.
Quedarse a los pies de nuestro Señor
y ofrecer mucho ya es hacer mucho,
y mejor que otras muchas cosas»

(Merry del Val).

«El camino del padecer es más seguro,
y aún más provechoso, que el gozar y el hacer»

(Juan de la Cruz).

«El mundo se salva
por aquellos
que parecen
no hacer nada;
son como Jesús en Belén,
en Nazaret, en el Calvario,
en la Eucaristía»

(Raymond).

**PARA LLEGAR
A LA META**

Lo único necesario

Una sola cosa es necesaria: la salvación; todo lo demás es accesorio. ¿Qué importa la enfermedad o la salud, la muerte o la vida, el dolor o el gozo? Lo realmente importante no es terminar pronto o tarde, sino terminar bien.

Nos deslumbra lo presente y olvidamos lo ausente. Engañados por la distancia, nos parece más fuerte la luz de una vela que la de una estrella. ¿Cuándo aprenderemos a dejarnos guiar por la realidad y no por las apariencias?

Más aún que la curación, ha de preocupar la salvación. Enfermedad y gozo, dolor y felicidad son transitorios. Sólo lo eterno es permanente.

«¿Qué aprovecha al hombre ganar todo el mundo, si él se pierde y se condena?»

(Lucas 9: 25).

«Para Dios fuiste creado;
¡qué fin tan alto!;
torpeza es buscar otro»

(Juan Crisóstomo).

«Con tal que al fin
llegue al puerto
de salvación,
¿qué se me da de cuanto
hubiera padecido?»

(Tomás de Kempis).

Nostalgia del cielo

Siendo ciertamente la tierra nuestra patria, también es un navío que nos conduce a la tierra nueva y transfigurada del Cielo. Allá nos esperan los que nos amaban y nos precedieron.

Ojos que lloran miran fácilmente al Cielo. Cuando la noche oscurece la tierra, dirigimos nuestra mirada a las luces del cielo.

El mundo está sembrado de todo lo que es bueno y de muchas cosas que no lo son tanto. Sólo al final del camino encontraremos el reino nuevo que hace todas las cosas buenas, como fueron al inicio de la creación.

«Tengo sed de Dios, del Dios vivo,
¿cuándo entraré a ver el rostro de Dios?»
(SALMO 41: 3).

«No tenemos aquí ciudad permanente,
sino que aspiramos a la ciudad futura»
(Hebreos 13: 14).

«Deseo la muerte para estar con Cristo,
que es con mucho lo mejor»
(Filipenses 1: 23).

«¡Ea, Señor, que yo muera para verte!»
(Agustín de Hipona).

«Oh Jesús, verdaderamente
ya es hora de que nos veamos»
(Teresa de Jesús).

«El verdadero siervo de Dios
no conoce más patria que el Cielo»
(Felipe Neri).

«¿Qué miras aquí,
no siendo este el lugar de tu descanso?
En los cielos debe ser tu morada,
y como de paso has de mirar todo lo terrestre»
(Tomás de Kempis).

«No os entristezcáis porque padecéis;
en las amarguras de las cosas de la tierra
se aprende a amar las del Cielo»
(Agustín de Hipona).

«Bueno es que algunas veces
nos sucedan cosas adversas
y vengan contrariedades,
porque suelen traer al hombre
al corazón que se conozca desterrado»

(Tomás de Kempis).

«PARA CUALQUIER ALMA,
EL DOLOR ES
LA HORA CELESTE
QUE LE RECUERDA
LA PATRIA PERDIDA»

(Nino Salvaneschi).

¿Fin o principio?

Es un error considerar la muerte como algo triste y negro, cuando en realidad es algo lleno de luz y esperanza. Más que el fin de esta vida es el principio de la eterna.

No es la muerte un pozo cerrado y sin salida; es un túnel estrecho y oscuro, que sin embargo nos conduce hacia la luz sin ocaso. Más que una salida, es una entrada. No estamos condenados a la muerte, sino invitados a la vida.

«Para mí la vida es Cristo
y morir significa una ganancia»
(Filipenses 1: 21).

«Lo que llamamos vida es realmente una muerte,
y la muerte es la verdadera vida»
(Cicerón).

«La vida temporal, comparada con la vida eterna,
más se debe llamar muerte que vida»

(Gregorio Magno).

«Es un error llamar vida a lo que ha de acabar.
Solamente a las cosas del Cielo,
a lo que jamás puede morir,
cabe dar este hermoso nombre»

(Teresa del Niño Jesús).

«Morir no es morir, sino terminar de nacer»

(B. Franklin).

Dulce muerte

Qué manía la de representar la muerte al estilo pagano: un horrible esqueleto, con su guadaña que todo lo corta. ¿No sería mejor presentarla al estilo cristiano, como un mensajero celeste que viene a invitarnos al gran banquete de la vida eterna?

«Bien, criado bueno y fiel; como fuiste fiel en cosa de poco, te pondré al frente de mucho; entra en el gozo de tu Señor»

(Mateo 25: 21).

«Dichosos desde ahora los muertos
que mueren en el Señor.
De seguro, dice el Espíritu,
podrán descansar de sus trabajos,
porque van acompañados de sus obras»

(Apocalipsis 14: 13).

«Bienvenida seas, hermana muerte»

(Francisco de Asís).

«¡Qué gran noticia!
Es la más dulce y consoladora
que he recibido en toda mi vida»

(Juan Berchmans).

«El mejor día de la vida
para el santo es el día de su muerte»

(Felipe Neri).

«¡Qué dulce es morir
cuando se ha vivido siempre sobre la cruz!»

(Juan María Vianney).

Por la cruz, a la luz

Por la cruz, a la luz. No busques otro camino; este es el que ha señalado Jesús. Él mismo lo siguió; clavado en la cruz nos enseña cuál es el áspero sendero por donde se llega a la salvación. Por la dolorosa pasión, a la gloriosa resurrección.

Jesucristo resucitado conservó sus llagas para indicarnos cuál ha sido la causa de su gloria, y para animarnos viendo el dolor glorificado y triunfante. Por su pasión nos ganó el Cielo; por la nuestra, unida a la suya, entraremos en él. Por el camino de la cruz fueron todos los santos.

> «¿No era preciso
> que el Mesías
> sufriera todo esto para
> entrar en su gloria?»
>
> (Lucas 24: 26).

«Momentáneas y ligeras son las tribulaciones que,
a cambio, nos preparan un caudal eterno
e inconmensurable de gloria;
a nosotros, que hemos puesto la esperanza
no en las cosas que se ven,
sino en las que no se ven,
pues las cosas que se ven son temporales,
pero las que no se ven son eternas»

(2 Corintios 4: 17-18).

«Tenemos que pasar muchas tribulaciones
para poder entrar en el Reino de Dios»

(Hechos 14: 22).

«Padecer en esta vida
para descansar eternamente en la otra
es una gran fortuna»

(Agustín de Hipona).

«¡Oh, si gustares estas cosas
y penetrasen profundamente en tu corazón!
¿Cómo te atreverías a quejarte ni una sola vez?
¿Acaso no son de sufrir
todas las cosas trabajosas por la vida eterna?
No es cosa de poco momento
ganar o perder el reino de Dios»

(Tomás de Kempis).

«De vuestros trabajos,
pláceme que los tengáis y pésame que los sintáis,
porque creed por muy cierto que otro camino
no hay para alcanzar los gozos del Cielo»

(Maestro Juan de Ávila).

«La cruz es la puerta real
para entrar en el Cielo»

(Francisco de Sales).

«La Providencia
conduce al Cielo
por el camino del sufrimiento
a una multitud de personas
que se perderían
siguiendo otra dirección»

(Alonso Rodríguez).

«LAS CONTRADICCIONES
NOS PONEN AL PIE
DE LA CRUZ,
Y LA CRUZ
A LA PUERTA DEL CIELO»

(Juan María Vianney).

Estar preparados

Hemos de morir. La aceptación de la muerte es uno de los más perfectos tributos de adoración que podemos rendir a Dios.

La vida es la mayor riqueza que posees. Cuando Dios te la pida, dásela con alegría. Esa es la mejor prueba de amor y gratitud.

Francisco de Sales afirma que quien acepta la voluntad de Dios en el momento de la muerte asegura su salvación. Y, según Alfonso María de Ligorio, eso es morir santamente, y con un mérito semejante al de los mártires.

Cuando uno marcha a recibir una gran herencia a donde le seguirán después los suyos, poco les importa a todos esa breve separación. Los lazos de cariño no se destruyen, sino que se ennoblecen en la otra vida. Y así, los que van por delante se preocupan de orar e interceder por los que en la tierra quedan.

No te preocupes demasiado por tus problemas temporales; arregla lo que puedas, encomienda al Señor lo que no puedas y ocúpate de lleno de lo que viene, cuya importancia es mayor que la de todo lo que aquí dejas.

«Bienaventurados los siervos a quienes al venir el Señor encuentre en vela» (Lc 12, 37). Las cosas importantes no se improvisan. No dejes tu preparación para aquellos momentos, que son los menos a propósito para hacer cualquier cosa de trascendencia.

He podido comprobar que, efectivamente, los últimos instantes no son los más oportunos para prepararse a bien morir. Os cuento mi propia experiencia.

Poco tiempo antes de salir la tercera edición de este libro, un accidente súbito e imprevisto de mi enfermedad me puso a las puertas de la muerte.

Durante varias horas estuve a punto de morir; a veces perdía el habla, la vista y el movimiento, pero no el oído. Yo me daba cuenta de lo que pasaba y esperaba el desenlace de un momento a otro.

Y sin embargo –y esto es lo notable– mi actitud era totalmente pasiva, insensible e indolente. A pesar de mi formación religiosa y espiritual, no se me ocurría aprovechar aquellos momentos, que yo creía eran los últimos, para renovar el arrepentimiento de mis pecados, hacer actos de amor de Dios o de resignación a su voluntad. Nada hacía sino esperar el fin; pero tan tranquilo e impasible como si se tratara de cualquier bagatela, y no me hubiera impresionado lo más mínimo, aunque hubiese oído hablar claramente de mi próxima muerte. Cuando recibí los sacramentos, que previamente había pedido, lo hice de un modo semiinconsciente y maquinal. ¡Con qué fervor debería haber comulgado en aquellas circunstancias! Pues, en realidad, fue con tan escaso conocimiento que ni me acuerdo de haber recibido entonces al Señor.

¡Cuánto me alegro de haber mejorado, para dar a conocer esta experiencia personal! No sé si a todos los moribundos les pasará lo mismo. Ciertamente, son muy variados los temperamentos y las circunstancias; pero, por lo que he observado en el ejercicio de mi ministerio, me inclino a pensar que casi todos los que mueren pasan durante unas horas o minutos antes del desenlace por ese estado de indolencia, pasividad y cansancio.

Por eso me parece francamente necio y peligroso el contar con ese tiempo para prepararse a la eternidad; e insisto con el mayor interés: ¡nadie deje su preparación para última hora! No estarán entonces las facultades despejadas para nada que requiera un poquito de atención. Lo que se debe hacer es prepararse en cuanto haya algo de gravedad, aunque no sea muy probable ni próxima la muerte.

Mejor aún, y esto es lo que Jesucristo tanto recomendó, es que estemos siempre preparados, «porque no sabéis el día ni la hora» (Mt 25, 13). Sencillamente, la preparación para la muerte ha de ser toda la vida, cumpliendo siempre la voluntad de Dios, haciendo buenas obras, evitando las malas y arrepintiéndose pronto y sinceramente de los pecados cometidos.

Otra lección práctica que podemos sacar de mi experiencia es lo utilísimo que resulta el ayudar con intercesiones y oraciones breves a los que se hallan en ese estado. Como es sabido, ellos oyen y sienten lo que se les dice, aunque parece que no conocen ni responden. No hace falta gritarles; basta con decirles suavemente al oído las plegarias más oportunas para esa circunstancia, ya que ellos carecen de iniciativa para hacerlo por la pasividad e insensibilidad que los domina. Tampoco dirigirles muchas explicaciones y palabras, sino breves invocaciones, petición de ayuda y de perdón, actos de fe, esperanza y caridad, de confianza y de aceptación de la voluntad de Dios; todo con frases breves, pues no hay entonces capacidad para largos razonamientos.

Por tanto, cuando sospeches que te encuentras mal o te lo indiquen quienes te rodean, apresúrate a recibir los auxilios que el Señor bondadosamente te proporciona. ¡Qué tranquilidad y alivio siente el enfermo que tiene sus cuentas arregladas!

Lo primero, haz una buena confesión preparándote bien antes. Todos tus pecados se te perdonarán por los méritos infinitos de Cristo. Después, recibe con fervor su cuerpo en la comunión. Es fortaleza y medicina; y si has de partir a la otra vida, sirve de viático, o sea, de provisión para este viaje.

Sin embargo, para estos momentos de enfermedad la Iglesia nos proporciona además el sacramento de la unción. Unción santa, dulce y suave, que levanta el ánimo y da fortaleza para sufrir la enfermedad y aceptar lo que Dios quiera disponer. «¿Alguno entre vosotros enferma? Haga llamar a los presbíteros de la Iglesia y oren sobre él, ungiéndole con óleo en El Nombre del Señor, y la oración de la fe salvará al enfermo, y el Señor le aliviará, y los pecados que hubiere cometido le serán perdonados» (Santiago 5: 14-15).

¡Aquí estoy, Señor! Cuando te plazca puedes llamarme. Tú eres el dueño de la vida; de ti la he recibido; cuando quieras puedes pedírmela.

Gozosos en la esperanza

No hay por qué apenarse. La destrucción de nuestro cuerpo es momentánea. La Resurrección de Cristo es prenda de la nuestra.

Así como de la destrucción del grano de trigo brota una hermosa espiga, así de nuestras cenizas dispersas sacará la omnipotencia de Dios un cuerpo glorioso.

«El que come mi carne y bebe mi sangre tiene vida eterna, y yo lo resucitaré el último día.
Mi carne es verdadera comida y mi sangre es verdadera bebida. El que come mi carne y bebe mi sangre vive en mí y yo en él»
(Juan 6: 54-56).

«Cristo ha resucitado de entre los muertos,
como anticipo de quienes
duermen el sueño de la muerte.
Porque lo mismo que por un hombre
(Adán) vino la muerte, también por un hombre
(Cristo) ha venido la resurrección de los muertos»

(1 Corintios 15: 20-21).

«Ahora somos ya hijos de Dios,
y aún no se ha manifestado lo que seremos.
Sabemosque, cuando se manifieste,
seremos semejantes a Él,
porque lo veremos tal cual es»

(1 Juan 3: 2).

«Lo que el ojo no vio, ni el oído oyó,
ni al hombre se le ocurrió pensar
que Dios podía tenerlo preparado
para los que lo aman, eso es lo que nos
ha revelado Dios por medio de su Espíritu»

(1 Corintios 2: 9-10).

«Los padecimientos
del tiempo presente no pueden compararse
con la gloria que un día se nos revelará»

(Romanos 8: 18).

«Ensanchemos el corazón en medio de la
tribulación y, con la esperanza de tanto bien,
suframos el mal presente»

(Maestro Juan de Ávila).

«Levanta, pues, tu rostro al cielo,
y mírame a mí y conmigo a todos mis santos;
los cuales tuvieron grandes combates en este siglo;
ahora se regocijan y están consolados y seguros»

(Tomás de Kempis).

«En Cristo brilla la esperanza
de nuestra feliz resurrección;
y así, aunque la certeza de morir nos entristece,
nos consuela la promesa de la futura inmortalidad.
Porque la vida de los que en Ti creemos,
Señor, no termina, se transforma;
y, al deshacerse nuestra morada terrenal,
adquirimos una mansión eterna en el Cielo»

(Prefacio I de difuntos).

«Allí enjugarás las lágrimas de nuestros ojos,
porque, al contemplarte como Tú eres,
Dios nuestro, seremos para siempre semejantes
a ti y cantaremos eternamente tus alabanzas»

(Plegaria eucarística III).

SEGUNDA PARTE

¿Cómo puede sobrellevarse el sufrimiento?

HACIA LA ACEPTACIÓN

Saber sufrir

El mérito no está en sufrir mucho, sino en sufrir bien. Así se suele sufrir: cuando llega por primera vez el dolor, se le recibe con lamentos, rabia o desesperación. Cuando ya lleva algún tiempo, no se le hace caso y se aguanta uno ante lo inevitable. ¡Qué lástima! ¡Cuántas faltas se cometen al principio y cuántas riquezas se desperdician después!

La desesperación transforma el sufrimiento en un mal espiritual; la resignación lo deja perderse neciamente; sólo la aceptación sabe aprovecharlo.

Tres cruces hay en el Calvario: la del Redentor inocente, la del culpable penitente y la del culpable rebelde. El primero está allí voluntariamente y por eso redime, el segundo acepta paulatinamente su condena y por ello se salva, el tercero está desesperado y se condena.

Al dolor no se le puede orillar; conviene contar con él, recibirle como compañero de camino en la tierra. De ti depende que tu dolor cause provecho o perjuicio.

No es digno de lástima el que sufre, sino el que sufre mal. Más interesante que librarse del dolor es aprender a sobrellevarlo. Saber sufrir es la única forma de ser felices en esta vida.

> «El principiante, impulsado por el temor,
> sufre la cruz de Cristo con paciencia;
> el aprovechado, movido por la esperanza,
> la lleva con gusto;
> el que está consumado en la caridad
> la abraza ya con amor»
>
> (Bernardo de Claraval).

> «¿Qué sabe el que por Cristo
> no sabe padecer?»
>
> (Juan de la Cruz).

«En tiempo de tribulación es fácil enriquecerse»

(Teresa de Jesús).

«Si supiéramos que precioso tesoro
está escondido en nuestras enfermedades,
las recibiríamos con la misma gratitud
que los grandes beneficios»

(Vicente de Paúl).

«Saber padecer es el arte más importante
y difícil de la vida»

(Von Keppler).

«Quien sufre posee un capital,
y quien sabe sufrir lo hace fructificar.
Sufrir es descender a una mina,
y saber sufrir es extraer una gema preciosa»

(Nino Salvaneschi).

Dolorosa aceptación

Si no tienes valor para cargar voluntariamente con la cruz, al menos acéptala sin desesperación cuando El Señor la pone sobre tus hombros. Quieras o no quieras, tienes el dolor; obras neciamente si no lo aprovechas. De la necesidad, hacer virtud.

Aunque no aceptes la cruz, no te libras de su peso; en cambio, te privas de sus bendiciones. Si te rebelas, no por eso te remedias; al contrario, aumentan tus males y tu desesperanza. Tanto más sufrirás cuanto más te opongas al sufrimiento.

Por otro lado, el sufrimiento terminará por llamar a nuestra puerta. Así estamos hechos los hombres. Y, sin embargo, la aceptación paulatina del dolor hará de nuestro sufrir algo más llevadero.

La carga que se porta con gusto no molesta; en cambio, llevada a la fuerza, oprime angustiosamente. Hay que tratar de sacar lo mejor de lo inevitable.

Hazte «voluntario» del dolor. Encontrarás alivio y sacarás provecho. El Señor da fuerzas especiales a los que lo aceptan y a los humildes.

El premio de sufrir con paciencia es llegar a sufrir con alegría. Esto se vio claramente en muchos mártires. La base de la felicidad consiste en aceptar la vida tal como el Señor la dispone. Con el gozo y paz que produce la aceptación se favorece incluso la salud corporal.

«Cuanto más te dispones para padecer, tanto más cuerdamente obras y más mereces; y lo llevarás también más ligeramente»

(Tomás de Kempis).

«El temor a la cruz es la más grande de nuestras cruces»

(Juan María Vianney).

«Si contra tu voluntad llevas la cruz, te la cargas y te la haces más pesada»

(Tomás de Kempis).

«LAS CRUCES
SÓLO SON BUENAS
CUANDO NOS ENTREGAMOS
A ELLAS SIN RESERVAS»

(FENELÓN).

«Todos necesariamente tenemos
que padecer en este mundo;
ya seamos justos, ya pecadores,
no podemos dejar de cargar con la cruz.
Quien la lleva con paciencia se salva»

(ALFONSO MARÍA DE LIGORIO).

Confianza en el Señor

Nuestra sensibilidad e imaginación son como un péndulo: tan pronto estamos llenos de optimismo, como abrumados por el pesimismo. Dejemos pasar un poco de tiempo y veremos cómo nuestros sentimientos oscilan al extremo contrario. No te alegres demasiado en la prosperidad ni te dejes abatir en la adversidad.

No pienses tanto ni te calientes la cabeza. No aumentes tus penas con cavilaciones inútiles. Sufre en cada momento sólo el dolor presente; ¿por qué te empeñas en añadirle el pasado y el futuro? Así te lo haces más intolerable.

¡Qué triste y cerrado se nos presenta a veces el horizonte del porvenir! Sin embargo, pasa el tiempo y vemos que la prueba no era tan dura como creíamos: nos acostumbramos, hallamos alivio inesperado y Dios nos da fuerzas extraordinarias. Las cosas son peores pensadas que pasadas; lo vemos por experiencia. Además, ¡cuántas veces nos equivocamos al pensar en el futuro! Sólo Dios lo conoce.

Hay personas que son pesimistas por temperamento; siempre creen que su desgracia es la peor y se desesperan por ello. La imaginación las engaña, exagerando los males propios.

Si se prolonga tu vida más de lo que quieras, no te desanimes. Ahora es tiempo de luchar y de merecer; pronto pasará todo y tendrás premio eterno.

Para los momentos difíciles y negros te recomiendo dos cosas: orar y esperar. Invocar al Señor pidiéndole ayuda y consuelo; y dejar pasar el tiempo, que es especialista en amortiguar y aun borrar las penas. No te turbes, no tengas miedo; abrázate íntimamente al Señor y espera así a que pase la tormenta.

¿Qué importa todo lo que te ocurra? ¡Si tienes a Dios, lo tienes todo! Él nunca nos abandona. Si, a pesar de todo, sientes que te faltan las fuerzas para sufrir, pídeselas humildemente y con todo interés al Señor. Por encima de todo, confía en Dios.

«¿Acaso olvida una mujer a su hijo
y no se apiada del fruto de sus entrañas?
Pues aunque ella se olvide,
yo no te olvidaré, dice El Señor»

(ISAÍAS 49: 15).

«Dios es nuestro refugio y fortaleza,
nuestro auxilio permanente en la desgracia.
Por eso no tememos, aunque tiemble la tierra
y los cimientos de los montes se desplomen
en el mar; aunque sus aguas bramen y se agiten,
y los montes sacudidos retiemblen»

(Salmo 45: 2-4).

«Comprobad que, de generación en generación,
los que esperan en El Señor no sucumben nunca»

(1 Macabeos 2: 61).

«Eres Dios de los humildes,
ayuda de los pequeños, defensor de los débiles,
protector de los abandonados,
salvador de los desesperados»

(Judith 9: 10).

«Cuando piensas que todo está casi perdido,
entonces está próxima,
en la mayoría de las ocasiones,
una ganancia mayor de merecimientos […]
Espera un poquito y verás cuán presto
se pasan los males.
Poco y breve es todo lo que pasa con el tiempo»

(Tomás de Kempis).

«Poquito a poco se pueden sufrir muchas cosas»

(Teresa del Niño Jesús).

Dios consolador

Al desaparecer todas las esperanzas de la tierra, brillan más consoladoras las del Cielo. Son como las estrellas, que brillan en la noche. Sólo la fe nos puede dar los verdaderos y eficaces consuelos.

Cuando los hombres no quieran o no puedan consolarte, Dios no dejará de hacerlo. Acepta con gratitud sus consuelos y ten paciencia cuando te falten.

Al Espíritu Santo le podemos llamar el Dios de los que sufren. No sólo por ser el Consolador, sino porque, siendo el alma de la Iglesia, nos santifica internamente. Para ello emplea y encauza las poderosas fuerzas ocultas de los que oran y de los que sufren. ¡Cuántas maravillas estará realizando el Espíritu Santo con los «inútiles»! Pídele el don de fortaleza, los frutos de paciencia y longanimidad para saber sufrir.

Oh, Señor, este es mi único consuelo y mi única esperanza: acudir a ti en todas mis tribulaciones, confiar en ti e invocarte de veras, y esperar pacientemente que me consueles.

«Soy yo en persona quien os consuela»
(Isaías 51: 12).

«Como consuela una madre a su hijo,
así os consolaré Yo a vosotros, dice el Señor»
(Isaías 66: 13).

«Oh Señor, eres mi fuerza,
mi fortaleza, mi refugio en el tiempo aciago»
(Jeremías 16: 19).

«Bendito sea Dios,
Padre de nuestro Señor Jesucristo,
Padre misericordioso y Dios de todo consuelo.
Él es el que nos conforta
en todas nuestras tribulaciones»
(2 Corintios 1: 3-4).

«Si es cierto que abundan en nosotros
los sufrimientos de Cristo, no es menos cierto
que Cristo nos llena de consuelo»
(2 Corintios 1: 5).

Fortaleza en la paciencia

El valor se demuestra más sufriendo que combatiendo. Alguien ha dicho que la impaciencia es la debilidad del fuerte y la paciencia es la fuerza del débil.

La paciencia no es cobardía o miedo a rebelarse, ni estoicismo ante lo inevitable; es algo más: es fortaleza en el padecer. No es aguantar estoicamente la adversidad, sino aceptar humildemente la voluntad de Dios.

Suele ser más difícil y meritorio padecer que hacer. La paciencia heroica despierta la admiración de todos. Es como una roca que permanece imperturbable en medio de las olas.

Este es el medio de conseguir la paciencia: pedírsela con todo interés al Señor. En la oración y la confianza hallarás la fortaleza que te falta.

«Vale más ser paciente que valiente»

(Proverbios 16: 32).

«No en vano proclamamos dichosos
a los que han dado ejemplo de paciencia.
En concreto, habéis oído hablar
de la paciencia de Job y conocéis
el desenlace al que le condujo el Señor,
porque el Señor es compasivo y misericordioso»

(Santiago 5: 11).

«Las mayores gracias de Dios son,
de ordinario, fruto de la mayor paciencia»

(Juan Damasceno).

«Nada honra tanto al hombre
como la paciencia en las enfermedades»

(Juan Crisóstomo).

«Sufre al menos con paciencia, si no puedes con alegría»

(Tomás de Kempis).

> «Señor Dios mío: según veo, la paciencia me es muy necesaria, porque en esta vida acaecen muchas adversidades. Dame fortaleza para resistir, paciencia para sufrir, constancia para perseverar»
>
> (Tomás de Kempis).

> «Un "¡Bendito sea Dios!" en las contrariedades de la vida vale más que mil acciones de gracias en los momentos que alcanzamos lo que más apetecemos»
>
> (Maestro Juan de Ávila).

Él nos da fuerzas

Dirás que es muy fácil hablar de paciencia, pero muy difícil el tenerla. Efectivamente, es muy costosa a la naturaleza; pero todo es posible con el auxilio de Dios. Todo, incluso el llegar a sufrir con alegría.

No temas por tus pocas fuerzas. El débil, ayudado por el fuerte, puede con todo. Jesús entiende bien de cruces y no te dará una superior a tus fuerzas. Si te la diera, corre de su cuenta el ayudarte a llevarla; será tu fiel Cirineo. Así es como otros más débiles que tú llevaron cruces más pesadas.

La cruz es yugo; luego se ha de llevar entre dos: Cristo y tú. Así resulta blando y ligero. Estando encarcelada para el martirio, Felicidad dio a luz un hijo. Como en los dolores del parto se quejara, le dijeron: «Si ahora no puedes sufrir esto, ¿qué será cuando te llegue el martirio?». A lo cual respondió: «Es que entonces será Otro el que sufrirá conmigo».

La gracia dio a los mártires fortaleza para sufrir los tormentos y a los santos alegría para abrazar la cruz. Ellos eran tan débiles como tú; mas la virtud divina les fortaleció. Pídele a Dios que haga contigo lo mismo.

«Mi yugo es suave y mi carga ligera»
(Mateo 11: 30).

«De todo me siento capaz,
pues Cristo me da la fuerza»
(Filipenses 4: 13).

«Te basta mi gracia, ya que la fuerza
se pone de manifiesto en la debilidad»
(2 Corintios 12: 9).

«Si miras a ti, no podrás por ti cosa alguna
de estas; mas si confías en Dios,
Él te enviará fortaleza del Cielo»
(Tomás de Kempis).

«No da Dios a ninguno más trabajos
de los que puede sufrir»
(Teresa de Jesús).

«Ayúdame, Dios mío,
y no temeré por más atribulado que me halle»
(Tomás de Kempis).

Hágase tu voluntad

No te extrañes de sentir el peso del dolor y que la débil naturaleza se queje y quiera librarse de él. Eso mismo le pasó a Jesús en Getsemaní.

No es imperfección sentir la debilidad humana. Puedes, pues, quejarte amorosamente ante el Señor y pedirle remedio.

«Hágase tu voluntad». He aquí la más perfecta oración: el abandono sin reservas en los brazos deDios, el sometimiento de la propia voluntad a la suya, la plegaria que Jesús nos enseña con su ejemplo para la tribulación.

> «Padre mío, si es posible,
> que pase de mí esta copa de amargura;
> pero no sea como yo quiero,
> sino como quieres tú.

Si no es posible que pase
sin que yo la beba,
hágase tu voluntad»

(Mateo 26: 39-42).

«Padre, que no se haga mi voluntad, sino la tuya»

(Lucas 22: 42).

«No es verdadero paciente el que no quiere
padecer sino lo que le parece. El verdadero
paciente todo lo recibe de buena gana
de la mano de Dios»

(Tomás de Kempis).

«Desde el momento en que
nos veamos retenidos en el lecho,
digamos esta sola palabra: Hágase tu voluntad,
y repitámosla desde el fondo del pecho
cien y aún mil veces, y siempre;
ya que con esta sola palabra agradaremos
más a Dios que con todas las mortificaciones
y devociones posibles»

(Alfonso María de Ligorio).

«JESÚS, SEÑOR MÍO,
SIN RESERVAS,
SIN CONDICIONES,
SIN PEROS,
SIN EXCEPCIÓN,
SIN LÍMITES:
HÁGASE TU VOLUNTAD»

(Francisco de Sales).

«Ansía sanar para servirle,
no rehúses estar enfermo para obedecerle
y disponte a morir si Él lo quiere,
para alabarle y gozar de Él»

(Francisco de Sales).

Llorar

Puedes llorar. La religión no pretende reprimir las lágrimas, sino dulcificar su amargura; las encauza para ser riego benéfico y no torrente devastador. Jesús lloró en varias ocasiones y declaró dichosos a los que lloran.

Las lágrimas proceden del corazón y sacan afuera sus amarguras. Cuando un dolor es noble y elevado, se desborda por los ojos.

A Dios le agrada que acudamos a Él en nuestras penas con filial confianza.

«¿Tengo acaso la fuerza de la roca?
¿Es mi carne de bronce?»
(Job 6: 12).

«Antes de quejarte,
hay que llegar hasta donde permitan las fuerzas»
(Teresa del Niño Jesús).

Pasar inadvertidos

Sufrir y callar. El silencio es la perfección del dolor. Trata de no quejarte demasiado. Aprende del silencio admirable de Jesús durante su pasión, que tanto recalcan los evangelistas: «Mas Jesús callaba» (Mt 26, 63).

Sé dueño y no esclavo del sufrimiento. Que nunca se dibuje en tu rostro, si te es posible, el gesto desagradable del descontento y de la queja.

Recuerda que Jesús, en su pasión, no fue aplaudido y admirado, sino burlado y humillado.

Este retiro y ocultamiento en que te mantiene la enfermedad influirá poderosamente en tu santificación.

«Maltratado, se sometía y no abría la boca;
como cordero llevado al matadero,
como oveja ante el esquilador,
enmudecía y no abría la boca»

(Isaías 53: 7).

«Es bueno esperar en silencio
la Salvación del Señor;
que se esté solo y silencioso
cuando la desgracia venga sobre él»

(Lamentaciones 3: 26-28).

«Yo me callo y no abro la boca, pues eres Tú el que actúa»

(Salmo 38: 10).

«Vuestra vida está escondida con Cristo en Dios;
cuando aparezca Cristo, vuestra vida,
entonces también vosotros
apareceréis gloriosos con Él»

(Colosenses 3: 3s).

«Acostumbrémonos a sufrir y callar,
si queremos vivir en paz
y elevarnos al más alto grado de perfección»

(Juan de la Cruz).

«Si sabes callar y sufrir,
sin duda verás el favor de Dios»

(Tomás de Kempis).

«La cruz es un tesoro precioso
que no puede conservarse
sino cuando está sepultado en un humilde silencio.
La cruz es como un perfume precioso
que pierde el buen olor delante de Dios
cuando se le expone al viento
de la demasiada locuacidad»

(Margarita María de Alacoque).

Olvidado

Si tus amigos te abandonan, ten alma grande y discúlpalos; quizá tú harías lo mismo en un caso semejante. Pero ¿qué importa? Aunque todos te olviden y abandonen, Dios nunca te abandona. Confía en Él y no le abandones tú.

Más cerca tendrás de ti al Señor y con un cariño más tierno cuando más abandonado te veas. Acude a Jesús, que entiende de abandonos: en Getsemaní no encontró ningún consuelo humano; en la cruz, se sintió abandonado hasta del Padre. Y, sin embargo, se puso confiadamente en sus manos.

«Tened piedad de mí, vosotros mis amigos,
que es la mano de Dios la que me ha herido.
¿Por qué me acosáis como me acosa Dios
y no os cansáis de atormentarme?»

(Job 19: 21-22)

«Mis amigos y compañeros
se apartan de mis llagas,
mis familiares se mantienen a distancia»

(Salmo 37: 12).

«Si mi padre y mi madre me abandonan,
El Señor me acogerá»

(Salmo 26: 10).

«Espero compasión
y no la hay; nadie me consuela»

(Salmo 68: 21).

«Padre, a tus manos confío mi espíritu»

(Lucas 23: 46; Salmo 31: 6).

«Ten fuertemente
a Jesús, viviendo
y muriendo,
y encomiéndate
a su fidelidad;
que Él solo te ayudará
cuando todos
te faltaren»

(Tomás de Kempis).

Enfermedad y preocupaciones

Acepta tu enfermedad con todas sus consecuencias. Dolores, humillaciones, fiebre, insomnio, falta de apetito, operaciones; soledad, aburrimiento, estar en prisión, separación de los que amas, desatenciones de los que te cuidan; enfermedad larga, planes tronchados, problema económico, ser una carga para la familia, porvenir angustioso e incierto..., lo que sea, lo que sea; todo vale, todo es útil; acéptalo todo. No te impacientes, no señales plazos.

¿Tus problemas? ¿Tus proyectos? ¿Tus ocupaciones? Escucha: sólo tenemos un proyecto, una ocupación, un problema: salvarnos; y esto te lo facilita la enfermedad. De todo lo demás no te preocupes; si tú no lo haces, otro lo hará; o si no, se quedará sin hacer, y no pasará sino lo que Dios quiera. No olvides que su providencia vela por todos.

A veces lo más doloroso es hacer sufrir a los que se ama. Los tuyos sufren ciertamente el peso de tu cruz, pero también participan de sus ventajas. No te angusties por pensar que eres para ellos una pesada carga. Con tu oración confiada y tu resignación les alcanzas grandes bienes. Acepta el dolor de ver sufrir a los tuyos.

Y del porvenir ¿por qué te preocupas tanto? ¿Qué sabes tú lo que va a venir?

No te amargues la vida inútilmente con tu imaginación. Procura vivir cada jornada de tu existencia, aceptando lo que vaya viniendo.

Ofrece tu dolor y tu alegría por los que amas. Con eso los atiendes aun en lo material; quizá mejor que si pudieras trabajar y luchar.

Si, además de la enfermedad, El Señor te obsequia con la pobreza, tu cruz es más completa; pero tienes un nuevo derecho y motivo para confiar en Su Providencia, que a nadie abandona. También Jesús gustó la pobreza y la necesidad. Dios se enorgullece de velar hasta por las aves del cielo y los lirios del campo. Acude humilde y confiadamente a Él, que nunca desoye el clamor del necesitado.

> «El que quiera salvar su vida, la perderá;
> pero el que pierda su vida por Mí, la conservará.
> Pues ¿de qué le sirve al hombre ganar
> todo el mundo, si pierde su vida?»
>
> (MATEO 16: 25-26).

«Descarga en el Señor tus inquietudes
y Él te sostendrá: jamás permitirá
que el justo desfallezca»

(Salmo 54: 23).

«No andéis preocupados
por el día de mañana,
que el mañana
traerá su propia
preocupación.
A cada día le basta
su propio afán»

(Mateo 6: 34).

«Echad sobre Él todos vuestros cuidados,
puesto que tiene providencia de vosotros»

(1 Pedro 5: 7).

«Vana cosa es y sin provecho
entristecerse o alegrarse de lo venidero,
que quizá nunca acaecerá»

(Tomás de Kempis).

Providencia bondadosa

¿Por qué sufro? ¿Para qué padezco? Abandónate en los brazos del Padre Celestial. Todo entra en Sus planes siempre bondadosos.

Así como el sol, igual que alumbra los océanos y las montañas, penetra por el más pequeño resquicio de una ventana; así la Providencia divina se extiende a los grandes sucesos y a los más pequeños detalles; hasta los cabellos de tu cabeza los tiene contados (cf. Mateo 10: 30).

La Providencia divina se vale de los males de este mundo para sacar grandes bienes, lo mismo que el pintor se sirve de las sombras en un cuadro y el músico de las disonancias en una armonía, buscando por contraste la belleza perfecta del conjunto.

Sólo en el Cielo comprenderemos lo que hoy nos parece desconcertante, cruel o absurdo. Entonces daremos gracias por lo que hoy nos hace rebelarnos.

¡Qué consuelo es pensar que todo en el mundo está dirigido por una Bondad soberana! Dios nos ama y busca nuestro bien. Las tribulaciones no son efecto de la ruda fatalidad que nos arrastra, sino de la mano paternal, pero firme, de Dios, que nos conduce.

Acepta los sufrimientos pensando en esa mano paternal de donde proceden. Nunca podrán ser duras unas manos que se dejaron clavar en la cruz.

Los planes de Dios son demasiado grandiosos para que los comprendas. ¿Quién eres tú para juzgar al Señor y pedirle explicaciones? Nunca reniegues de tu suerte. Para cada uno su suerte es la mejor: es el camino por donde Dios le lleva a la gloria.

«Bien y mal, vida y muerte, pobreza y riqueza, vienen del Señor»

(Eclesiástico 11: 14).

«Aunque se nos oculte el porqué
de lo que Dios dispone,
hemos de aceptar lo dispuesto por un Dios
tan sabio y que tanto nos ama,
por más que nos duela»

(Basilio el Grande).

«Muchas causas hay para que el Señor
trate así a los suyos,
todas las cuales paran en amor,
aunque al humano sentido parezcan desamor»

(Maestro Juan de Ávila).

«Si caes en alguna enfermedad,
resígnate y di: Dios me envía esta enfermedad
porque quiere algo de mí»

(Felipe Neri).

«Debemos mirar como proveniente
de la mano de Dios todo cuanto nos suceda
o nos espere en el porvenir»

(Alfonso María de Ligorio).

«Besad continuamente y de corazón
las cruces que nuestro Señor os ha puesto
por sí mismo en los brazos»

(Francisco de Sales).

«Tengamos confianza.
Dios lo dispondrá todo según mejor convenga.
Nosotros sólo vemos una página del gran libro
que Dios escribe para nosotros.
Él lo sabe todo; Él todo lo puede;
Él nos ama»

(Merry del Val).

Abandono confiado

Como el niño descansa tranquilo y confiado en los brazos de su madre, así has de abandonarte en los brazos del Señor. Entrega amorosa, confiada y total. ¿Qué puedes temer, si Él vela por ti? ¿Qué puede suceder, si no lo que Él permita? Descansa tranquilo en su corazón. Déjate conducir, que Dios es tu Padre para conducirte y guiarte.

Claro está que esta indiferencia no se opone a la obligación que tenemos de precaver los males y aplicar los remedios; pero, hecho esto, abandonarse a lo que Dios disponga. Ni negligencia ni inquietud: filial confianza y moderada solicitud. No se trata de pedir el sufrimiento, sino de vivir la preciosa fórmula de Francisco de Sales: «Nada pedir y nada rehusar». A Dios le corresponde la iniciativa, a ti la aceptación.

«El abandono es el fruto delicioso del que ama»

(Agustín de Hipona).

«Señor, Tú sabes lo que es mejor:
haz esto o aquello según te agradare.
Da lo que quieras y cuanto quieras.
Ponme donde quieras
y dispón libremente en todo.
En tus manos estoy.
Estoy dispuesto a todo»

(Tomás de Kempis).

«No queramos de nuestra parte
más salud que enfermedad,
riqueza que pobreza,
vida larga que corta»

(Ignacio de Loyola).

«No quiero escoger la manera
de servir a mi Dios:
en la salud le serviré obrando,
en la enfermedad le serviré sufriendo;
a Él le pertenece elegir lo que más le agrade»

(Francisco de Sales).

«Señor, no deseo ni curar ni estar enfermo; quiero únicamente lo que Tú quieras»

(Alfonso María de Ligorio).

«No tengo más preferencia
por la muerte que por la vida;
si el Señor me dejara escoger,
nada escogería; no quiero sino lo que Él quiera»

(Teresa del Niño Jesús).

«Desde que me encuentro enfermo
he creído que no debía pedir mi curación.
Me abandono en Dios y sólo le pido una cosa:
que Él saque de mi pobre persona
toda la gloria que pueda sacar y al precio que sea»

(Cardenal Mercier).

Paz y alegría

La cruz para un cristiano jamás debe ser motivo de tristeza.

Padecer con inalterable paz y alegría es glorificar a Dios, edificar a los hombres y santificarse sin tener que discurrir el modo de lograrlo. Sufrimiento no quiere decir tristeza. La resignación cristiana encuentra gozo en el dolor. Es la divina paradoja, la sorpresa del dolor.

Toda nuestra paz en esta vida consiste más en la aceptación del sufrimiento humilde que en dejar de sentir contrariedades. El que sabe mejor padecer tendrá mayor paz. La cruz destila una dulzura sublime que gustarán solamente los que aceptaron sus amarguras. El amor de Dios la hace agradable. La bienaventuranza que prometió Jesús a los que lloran a veces se comienza a disfrutar ya en esta vida.

Cuando las lágrimas son iluminadas por el sol de la fe, se forma en el alma el hermoso arco iris de la paz. La paz imperturbable, aun en medio del sufrimiento, es un gran tesoro.

Es propio de hombres grandes el permanecer siempre tranquilos, aun en medio de la tempestad. Procura conservar la igualdad de ánimo: ecuanimidad. El optimismo o pesimismo, la alegría o la tristeza, más que de los acontecimientos buenos o malos, depende del modo de recibirlos.

No derrames tu dolor hacia la tierra, como el sauce; dirígelo hacia las alturas, como el ciprés. No hay espectáculo más sublime que el de unos labios que sonríen mientras de los ojos brotan lágrimas. Es algo verdaderamente edificante y atrayente.

Que siempre florezca en tus labios la sonrisa y en tu corazón la alegría. Haz frente a la tribulación con buen ánimo: al mal tiempo, buena cara.

> «PROCURA CONSERVAR EL CORAZÓN EN PAZ; NO TE DESASOSIEGUE NINGÚN SUCESO DE ESTE MUNDO; MIRA QUE TODO SE HA DE ACABAR»
>
> (JUAN DE LA CRUZ).

«Cantaré, cantaré constantemente,
aunque tenga que sacar mis rosas
de entre las espinas;
cuanto más largas y punzantes sean estas,
más melodioso será mi canto»

(Teresa del Niño Jesús).

«Estad siempre alegres en El Señor;
os lo repito: estad alegres.
Que nada os angustie;
al contrario, en cualquier situación
presentad vuestros deseos a Dios orando,
suplicando y dando gracias»

(Filipenses 4: 4-6).

«Sosiega tu espíritu y consuela tu corazón;
aleja de ti la tristeza;
porque la tristeza ha perdido a muchos
y ningún provecho se saca de ella»

(Eclesiástico 30: 23).

«Sabemos además que todo contribuye
al bien de los que aman a Dios»

(Romanos 8: 28).

«Cuando veas que la aflicción te es dulce
y gustosa por Cristo, piensa entonces que
te va bien, porque hallaste el paraíso en la tierra»

(Tomás de Kempis).

CON LA ORACIÓN

Escuela de oración

Si quieres aprender a orar, entra en la mar; la necesidad nos mueve a acudir al Señor. También el mar amargo de nuestras lágrimas nos enseña a orar. Cuando el hombre de buena voluntad es atribulado, entonces se da cuenta de que tiene mayor necesidad de Dios. La enfermedad es la mejor escuela de oración.

Con su ejemplo nos enseñó Jesús esto, preparándose a su pasión con la oración del huerto; allí recibió consuelo y aliento para sufrir. No te aflijas demasiado en tus tribulaciones, sino levanta los ojos al Cielo. El Señor es misericordioso y compasivo, y le agrada que acudamos a Él en nuestras necesidades.

«EN MI ANGUSTIA BUSCO AL SEÑOR»

(SALMO 76: 3).

«Levanto mis ojos a los montes:
¿de dónde me vendrá el auxilio?
Mi auxilio viene del Señor,
que hizo el cielo y la tierra»

(Salmo 120: 1-2).

«Piedad, Señor, que desfallezco;
sáname, que tengo los huesos triturados.
Me encuentro completamente abatido.
Señor, ¿hasta cuándo? Vuélvete, Señor, líbrame,
que tu amor me ponga a salvo»

(Salmo 6: 3-5).

«Si alguno sufre, que ore»

(Santiago 5: 13).

«En la tribulación,
acude luego a Dios confiadamente
y serás esforzado, alumbrado y enseñado»

(Juan de la Cruz).

«Las penas se deshacen
ante una oración bien hecha,
como la nieve ante los rayos del sol»

(Juan María Vianney).

Pedir la salud

Invócale con confianza. Muchos enfermos se curarían si lo pidieran con verdadera fe y perseverancia.

Conviene tener cuidado con un engaño que en la práctica se encuentra bastante extendido. Resulta ciertamente muy virtuoso el no pedir ni salud ni enfermedad, abandonándose totalmente a la voluntad de Dios. Sin embargo, la mayoría de los enfermos no tienen esta santa indiferencia, sino que desean con toda el alma la salud y, a pesar de ello, no la piden, y se justifican diciendo: «Que sea lo que Dios quiera». En realidad es que no tienen fe viva en la eficacia de la oración.

Pero no seas impaciente en tu oración. Aunque no consigas nada, no te desanimes; sigue orando; le agrada al Señor esta confianza ilimitada y sin plazo. Con la dilación, aumenta el deseo, se perfecciona la petición y nos hacemos más dignos del don que esperamos. Confía, pues; conseguirás lo que pides; pero déjale al Señor el tiempo y modo de concedértelo.

A veces nuestra oración parecerá no tener efecto. Pero, aun entonces, la oración no es en balde. La oración nunca se pierde. Si no consigues la salud, conseguirás santificarte por la enfermedad y habrás aprendido a sufrir. Te aseguro que no quedarás descontento ni defraudado.

Pide con gran fe en el poder omnipotente de Dios y con gran confianza en su bondad paternal. Aunque tú no veas remedio posible, para Dios todo es posible. Pide con toda el alma, como forzando a Dios, con el interés con que una madre ruega por su hijo enfermo, uniendo a la fe y confianza en el poder de Dios un santo abandono en su bondad, siempre dispuesto a aceptar la voluntad de Dios, aunque fuere contraria a nuestro deseo.

> «EL SEÑOR ES MI FORTALEZA Y MI ESCUDO. EN ÉL CONFÍA MI CORAZÓN Y AL PUNTO ME SOCORRE. MI CORAZÓN SE LLENA DE ALEGRÍA Y CON MIS CANTOS LE DOY GRACIAS»
>
> (SALMO 27: 7).

«Hijo, en tu enfermedad no pierdas la paciencia, reza al Señor y Él te curará»

(Eclesiástico 38: 9).

«Cuando la angustia me atenaza, levanto mi voz hacia el Señor y Él me responde»

(Salmo 119: 1).

«Pedid y recibiréis, buscad y encontraréis, llamad y os abrirán. Porque todo el que pide recibe, el que busca encuentra y al que llama le abren»

(Mateo 7: 7).

«Todo lo que pidáis en vuestra oración lo obtendréis si tenéis fe en que vais a recibirlo»

(Marcos 11: 24).

«Señor, si quieres, puedes curarme»

(Mateo 8: 2).

«Hijo, en cualquier cosa que quisiereis,
di así: Señor, si te agradare, hágase esto así.
Señor, si es honra tuya, hágase esto en tu nombre.
Señor, si viereis que me conviene
y hallareis serme provechoso, concédemelo
para que use de ello a honra tuya;
más si conociereis que me sería dañoso
y nada provechoso a la salvación de mi alma,
aparta de mí tal deseo»

(Tomás de Kempis).

«Jamás se tiene demasiada confianza en Dios
tan poderoso y misericordioso.
¡Se obtiene de Él todo cuanto de Él se espera!»

(Teresa del Niño Jesús).

Bajo su mirada

Únicamente con recogimiento y paz se puede oír la voz de Dios.

No desperdicies esas largas horas silenciosas que te proporciona la enfermedad; vuélvete hacia el interior y escucha atentamente.

Acaso tu enfermedad es una invitación cariñosa que Dios te hace a su intimidad.

Dolor que purifica, soledad que facilita el recogimiento, tranquilidad no turbada: esas son las grandes ventajas que tienen los enfermos para mejor dedicarse a la oración. Cuando el sueño huya de tus ojos, aprovecha el tiempo que te proporciona el insomnio para hablar con Dios. Si has de estar despierto, háblale al Señor en la noche.

No te creas incapaz de orar, pensando que hace falta romperse la cabeza. La oración no es más que una conversación cariñosa, confiada y respetuosa con Dios nuestro Padre. Pídele al Señor que te enseñe a orar, aprovechando esta magnífica oportunidad que Él mismo te ha proporcionado. Pide consejo y esfuérzate por tener «no muchas devociones, sino mucha devoción», como decía Teresa de Jesús.

Atiende al maravilloso mundo que llevas dentro. ¡Vive tu vida interior! No olvides al gran Amigo que tienes en ti. Para intimar con Él, se requiere silencio exterior y atención interior. A veces no hacen falta palabras para entenderse con Dios; basta una simple mirada de corazón, un pensamiento impregnado de cariño, un encendido afecto de la voluntad.

Conviene que hagas las oraciones en los momentos en que estés despejado. Cuando te halles mal, te basta con aceptar y hacer breves jaculatorias. La aceptación es ya una buena oración.

«Bienaventurados los ojos que, cerrados a las cosas exteriores, están muy atentos a las interiores»

(Tomás de Kempis).

«Hay algunos que hacen tanto ruido en su alma que no pueden oír la voz de nuestro Señor»

(Merry del Val).

> «CIERRA TU PUERTA SOBRE TI Y LLAMA A TU AMADO JESÚS; PERMANECE CON ÉL EN TU APOSENTO, QUE NO HALLARÁS EN OTRO LUGAR TANTA PAZ»
>
> (Tomás de Kempis).

> «Para mí, la oración es un arranque del corazón, una simple mirada dirigida al Cielo; es un grito de agradecimiento y de amor, lo mismo en medio de la tribulación que en el seno de la alegría»
>
> (Teresa del Niño Jesús).

> «El que no puede pasar mucho tiempo en la oración debe levantar su espíritu a Dios con jaculatorias»
>
> (Felipe Neri).

El pan que da fuerzas

El pan y el vino que escogió el Señor para realizar el prodigio de la Eucaristía son un símbolo de la tribulación. Los granos de trigo han sido triturados, amasados y pasados por el fuego; las uvas, deshechas, pisadas y fermentadas. Así elaborados, se transforman en cuerpo y sangre de Cristo. De modo semejante, el sufrimiento nos dispone para comprender y vivir la Eucaristía.

Si para todos se quedó Cristo en la Eucaristía, mucho más para los que sufren. Allí encuentran fuerzas, esperanza, alivio.

Es el amigo de los enfermos; el que los trataba cariñosamente y los curaba.

Acude a Jesucristo con la fe de aquellos enfermos, no tanto para tocarlo, sino para meterlo dentro de ti. Él te dará el remedio que crea conveniente según los planes de su providencia.

«Se levantó, pues, Elías; comió y bebió,
y anduvo con la fuerza de aquella comida
cuarenta días y cuarenta noches
hasta el monte de Dios»

(1 Reyes 19: 8).

«No tienen necesidad de médico los sanos,
sino los enfermos;
no he venido a llamar a los justos,
si no a los pecadores»

(Marcos 2: 17).

«Toda la gente quería tocarlo,
porque salía de Él una fuerza
que los curaba a todos»

(Lucas 6: 19).

«Una mujer que tenía hemorragias
desde hacía doce años se acercó por detrás
y tocó la orla de su manto, pues pensaba:
"Con sólo tocar su vestido quedaré curada"»

(Mateo 9: 20-21).

«Tomad y comed; esto es mi cuerpo,
dice el Señor Jesús»

(Mateo 26: 26).

«Yo soy el pan vivo bajado del Cielo;
si alguno come de este pan, vivirá para siempre»

(Juan 6: 51).

Dulzura y esperanza nuestra

En tus tribulaciones y penas «mira la estrella, llama a María». Ella es vida, dulzura y esperanza nuestra; la consoladora de los afligidos ¿A quién sino a su madre acude un niño cuando tiene alguna pena o dolor? Ella es salud de los enfermos, el remedio cotidiano de nuestras dolencias corporales.

Procura gustar esa oración tan hermosa que es el Avemaría. En ella cantas las grandezas de María y pides su ayuda, de un modo especial para el momento trascendental de la muerte.

¡Oh Clementísima, oh Piadosa,
oh dulce Virgen María!
Protégenos en el camino de nuestra vida
y asístenos en la hora de nuestra muerte.
Amén.

«Por María vino Dios a nosotros; por ella debemos ir nosotros a Dios»

(Bernardo de Claraval).

«María es la compasión divina encarnada
en el corazón de una madre,
para hacerla más amable»

(Alfonso María de Ligorio).

«Nadie alcanzará la gracia
de padecer con alegría
sin tener tierna devoción a la Virgen María,
que es la dulzura de las cruces»

(Luis de Montfort).

«En tus manos, Señora, ponemos nuestras heridas, para que tú las cures; pues eres enfermera del hospital de la misericordia de Dios»

(Maestro Juan de Ávila).

Notas

Llénate de Esperanza

Conferencias con Paula Umaña

Presenciales y virtuales

Paula Umana Speaker
www.paulaspeaker.com
 +(506)8877-2749

Libros publicados

- 40 Regalos de Esperanza
- 40 Gifts of Hope
- Imitación de Cristo en la enfermedad (El Kempis del enfermo)
- Imitation of Christ for the sick and suffering

COACH PAULA
paulaspeaker.com

✉ paulaumanaspeaker@gmail.com   🌐 www.paulaspeaker.com

DESCUENTOS EN VENTAS AL POR MAYOR

Made in the USA
Columbia, SC
16 October 2022

69464915R00080